골프의 ABC

골프의 ABC

초판 1쇄 발행 2023년 08월 25일

지은이 김이서
펴낸이 장현수
펴낸곳 메이킹북스
출판등록 제 2019-000010호

디자인 김이서
편집 최미영
마케팅 안지은

주소 서울특별시 구로구 경인로 661, 핀포인트타워 912-914호
전화 02-2135-5086
팩스 02-2135-5087
이메일 makingbooks@naver.com
홈페이지 www.makingbooks.co.kr

ISBN 979-11-6791-417-0(03690)
값 8,000원

ⓒ 김이서 2023 Printed in Korea

잘못된 책은 구입하신 곳에서 바꾸어 드립니다.
이 책의 전부 또는 일부 내용을 재사용하려면 사전에 저작권자와 펴낸곳의 동의를 받아야 합니다.

홈페이지 바로가기

메이킹북스는 저자님의 소중한 투고 원고를 기다립니다.
출간에 대한 관심이 있으신 분은 makingbooks@naver.com로 보내 주세요.

도톨리와 2서 KIM

도톨리는 요리와 그림을 그리는 취미를 가지고 있었는데, 최근 후라이팬과 붓을 내던지고 골프의 세계에 빠져버리고 말았다. 스티브잡스가 만든 사과나라에서 Brollii와 단조롭게 살다가 2서 kim의 세계로 한 발짝씩 걸어나오고 있는 중이다.

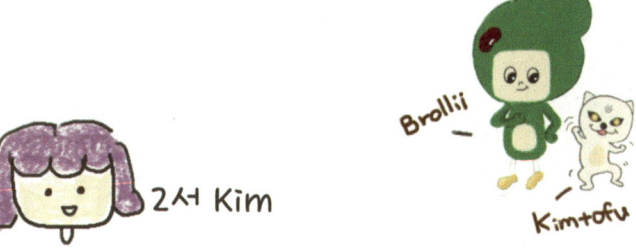

2서 Kim은 공부하는 자와 예술가 사이의 중간쯤에 스스로를 포지셔닝 하고 지식을 큐레이션 해 그림으로 새롭게 탄생시키는 일들을 즐긴다. 17년째 외.내적 건강을 안내하는 필라테스 강사로서 호텔,기업, 대학으로 종횡무진하던 라이프를 살다가, 현재는 학원 3km 반경을 벗어나지 않는 한남동 개구리로 지낸다. 새벽기상 후 아침산을 오르고 108Fit으로 몸과 마음을 정련하며, 때때로 글을 쓰고, 비우는 삶을 실천하는 제1호 Citymonk 다. "일론머스크가 브롤리를 알때까지" 구호를 외치며 브롤리와 도톨리의 세상을 창조하고 있다.

contents

* Before you begin
골프점수계산하는법
골프클럽
골프코스용어
스윙자세
스탠스
어깨와골반회전량
어드레스-임팩트
호흡

* conditioning
자세
신체정렬
고관절스트레칭
등펴기와가슴열기
말린어깨와가슴펴기
백스윙과 팔로우스루
척추회전
상체로테이션
척추 트위스트
초승달

* Axis
밴드운동
밴드대칭운동
파워발란스운동

* Balance
발란스 트레이닝
팁 토우Tip Toe
Shoulder bridge
Lateral flexion
Leg pull front
Rolling like a ball

* Core
Core swing
Core & Club
Ab lift
Breast Stroke
Low plank
Side lift
Side plank

골프 점수 계산하기

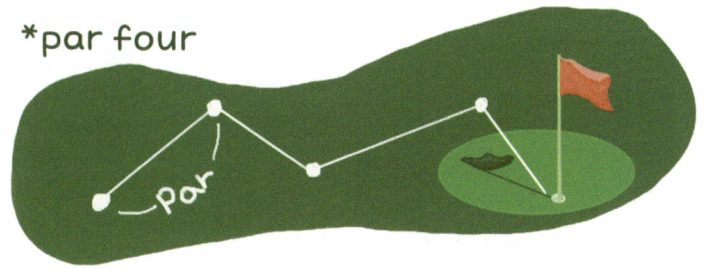

*par four

언더파(Under par)	기준타수	오버파 (over par)
버디(Birdie) -1 이글(Eagle) -2 알바트로스 -3 (Albatross)	18Hole = 72	보기 (Bogey) +1 더블보기(Double) +2 트리플보기(Triple)+3

- 이븐파(Even par) : 18홀 이후 기준타수 만큼 쳤을때
- 언더파(under par) : 기준타수 만큼 적게 쳤을때
- 오버파(over par) : 기준타수 만큼 많이 쳤을때

1. 싱글(Single) : 9 오버파 이하(보통 79점)
2. 보기플레이어(Bogey Player) : 80점대
3. 백돌이 : 100점 +-

골프 클럽

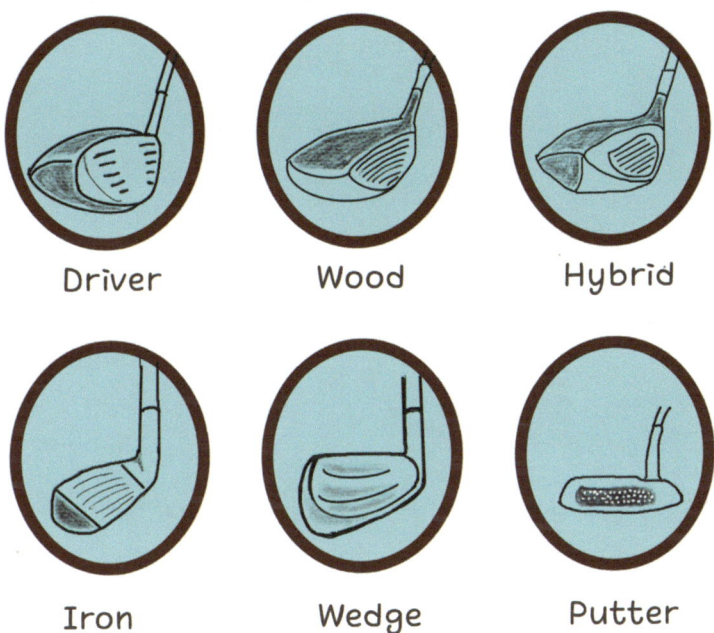

티그라운드　러프　페어웨이　벙커　워터해저드　그린　홀

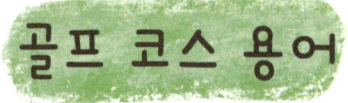

골프 코스 용어

티그라운드 : 각 홀에서 골퍼가 첫타를 하는 지역
러프 : 잔디가 덜 다듬어진 풀이 긴 코스 가쪽 지역
페어웨이 : 잔디가 잘 가꿔진 가운데 지역
벙커 : 인공 장애물로 모래를 넣어 둔 곳
워터 해저드 : 코스 내에 호수, 연못 등 의도적으로 설계된 장애물
그린 : 풀을 가장 짧게 깎아 놓은 곳으로 홀컵이 있는 지역

골프 스윙 자세

스탠스

위팔근(Brachialis)
두갈래근
(Biceps Brachii)
모음근(Adductors)
넙다리 빗근
(Sartorius)

부리위팔근
(Coracobrachialis)
위팔노근
(Brachioradialis)
두덩정강근
(Gracilis)

스윙동작에서 안쪽 근육의 역할이 대단히 중요하다. 이 근육은 양팔의 안쪽과 다리 안쪽 근육으로 스윙 동작에서 가장 활발하게 움직인다.

백스윙에서 어깨와 골반의 회전량

백스윙 시 어깨가 회전하면서 자연스럽게 하체가 따라갈때까지 골반이 먼저 회전하지 않도록 주의해야 한다.

Address

골프 스윙 중 골반과 척추의 안정성은 정확도를 높이는 가장 중요한 key다.

Backswing

클럽 헤드 속도를 이용해 팔로 멋지고 긴 호를 만드는 것.

Downswing

탄성코일의 해제

Impact

복부 코어는 척추를 안정시키고 힙의 회전을 유지시킨다.

호흡을 알아차리면 의식이 몸에 전달되어 마음과 몸이 함께 동기화 된다. 호흡은 코어의 파워를 내는 원천이며, 게임을 향상시키는 효과적인 방법으로 중요하다.

Posture

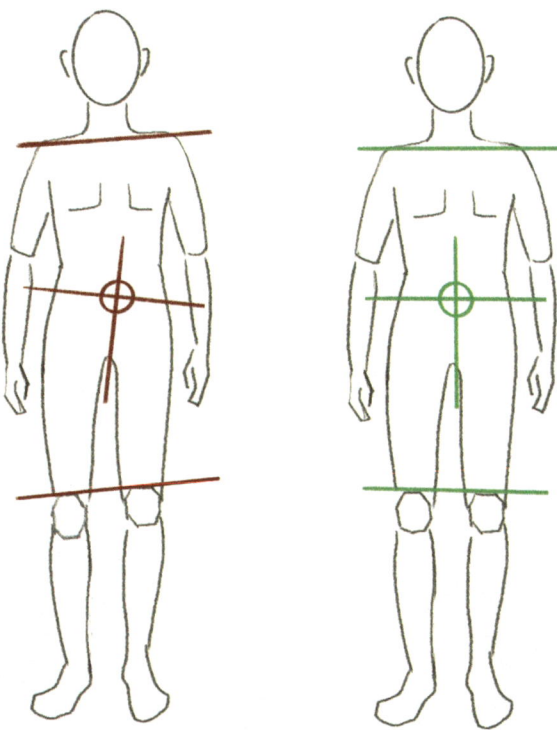

올바른 자세는 균형을 잡는 능력을 향상시키고, 움직임을 가장 효율적으로 수행 할 수 있게 한다. 신체의 정렬 상태가 좋을수록 디스크와 근육, 신경에 스트레스를 적게 준다.

신체가 정렬이 잘 되었을때 최대 출력이 나온다.

척추기립근, 복부근육들, 심부 내근육의 강화는 올바른 자세를 유지하는데 중요한 역할을 하며, 이 근육들은 신체의 축(Axis)과 코어(Core)를 효과적으로 강화할 수 있다.

- 요방형근 * Quadratus Lumborum
- 회전근육 * Rotatores muscles
- 다열근 * Multifidus
- 복횡근 * Transversus abdominis

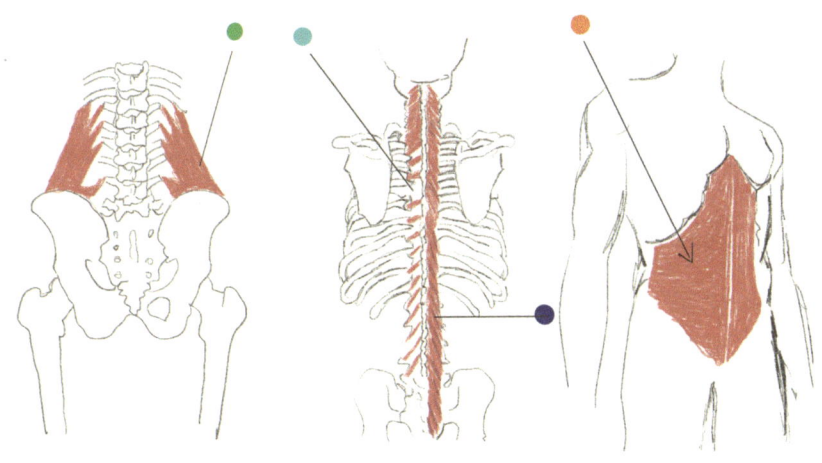

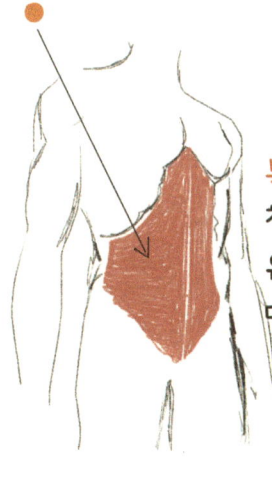

복횡근은 척추를 지지하고,
척추의 자연스런 라인(neutral line)을
유지하며 통증이나 부상을 예방하는데
매우 중요한 기능을 한다.

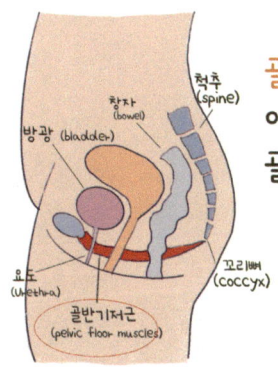

골반 기저근은 퍼팅 스트로크에서
아주 중요하다.
골반기저근은 숨겨진 비밀 무기.

Conditioning

고관절 스트레칭

허리부터 다리까지 연결된 모음근들을 마사지 한다.
골반의 불필요한 긴장을 풀어주고 허리도
편안해진다. (고관절 회전 향상, 스탠스를 개선)

Conditioning

등펴기와 가슴열기

발전된 스윙 플레이를 위해 척추의 운동 범위를 증가시켜준다. 경직된 등을 풀고 어깨 앞쪽, 가슴, 목의 근육을 풀어준다.

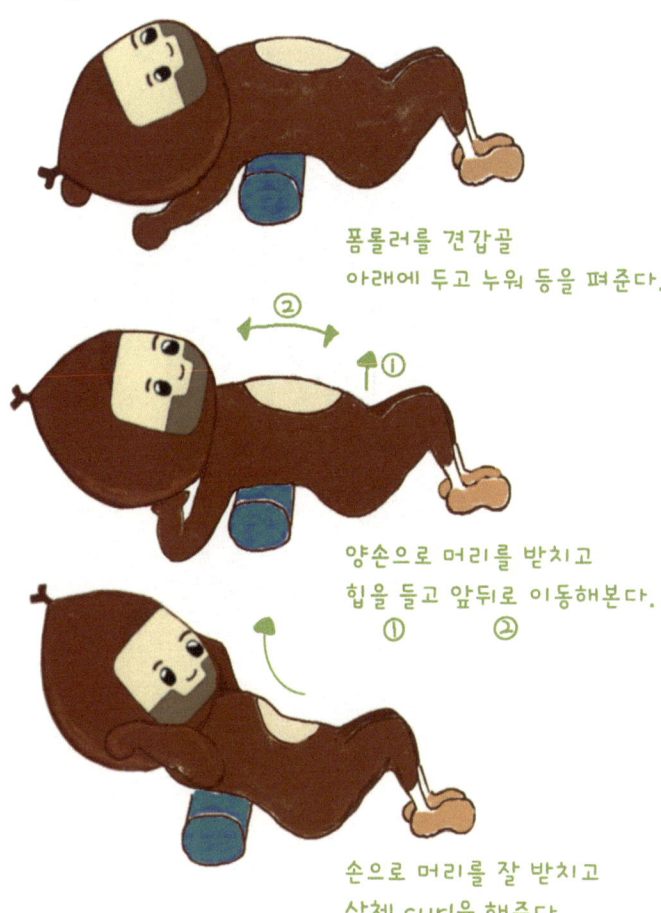

폼롤러를 견갑골 아래에 두고 누워 등을 펴준다.

양손으로 머리를 받치고 힙을 들고 앞뒤로 이동해본다.

손으로 머리를 잘 받치고 상체 curl을 해준다.

Conditioning

말린 어깨와 가슴펴기

양쪽 팔꿈치와 손을 모은 후
견갑골(scapula)로
폼롤러를 눌러주며
어깨와 가슴을 편다.
(Stretch Pectoral region)

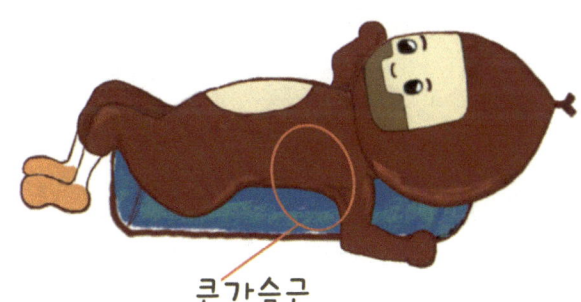

큰가슴근
(Pectoralis Major)

Conditioning

Backswing & Follow through

-백스윙와 팔로우 스루를 위한 근육 훈련-
[흉추 회전이 되지 않으면 어깨를 과도하게 쓴다.
어깨를 먼저 열어준다.]

1. Prepare

Inhale
2. 팔을 반대편 겨드랑이 쪽으로 보낸다.

Exhale
3. 팔을 빼며 가슴을 천장 방향으로 보내고 시선도 따라 간다.

Conditioning

척추 회전
(spinal rotation)

Conditioning

상체 로테이션
Upper body rotation

어깨의 과도한 사용은 상체 회전력 부족 때문이다. 이를 최소화하기 위해 흉추의 모빌리티(이동능력)를 강화한다.
(with Circle : 어깨와 팔을 안정시켜 척추의 움직임에 집중할 수 있다.)

Conditioning

척추 트위스트
spine Twist

① 양팔 시야 안에.

② Exhale 시계바늘처럼
나눠서 회전

③

④ Exhale
팔만 이동하는 것이 아니라
흉추 전체가 회전

Conditioning

초승달
Crescent moon

양방향으로 고관절 회전을 향상시킴.
상해없는 건강한 게임을 위해
컨디셔닝 동작으로 좋다.

Axis

밴드 운동

좌우로 당기는 힘 때문에 중심축이 고정된다.
왼쪽과 오른쪽에 같은 힘이 작용하면서 균형이 잡힌다. (Pectoralis major, Rhomboid Trapezius muscle, Deltoid muscle)

Axis

밴드 대칭운동

대칭적인 반복동작은 전체 근육을 활성화 시켜 축과 코어가 정렬되고, 신체균형을 바로 잡는 효과가 있다.

Axis

파워 발란스
Power Balance

파워 발란스 운동은 의식적으로 원심력을 출력하여 구심력으로 균형 훈련을 한다. 특히 복횡근과 다열근 등을 강화하므로 축(Axis)의 정렬에 도움이 된다.

Balance

발란스 트레이닝
Balance training

다이나믹 쿠션

다이나믹 쿠션 또는 보수(Bosu)에 올라서
1. 균형잡기 2. 무릎을 조금씩 구부려서 스쿼트.
발바닥 전체에 고르게 힘이 들어간다.
코어를 더 잘 제어할수록 균형을 잡기 쉽다.

Balance

Tip toe

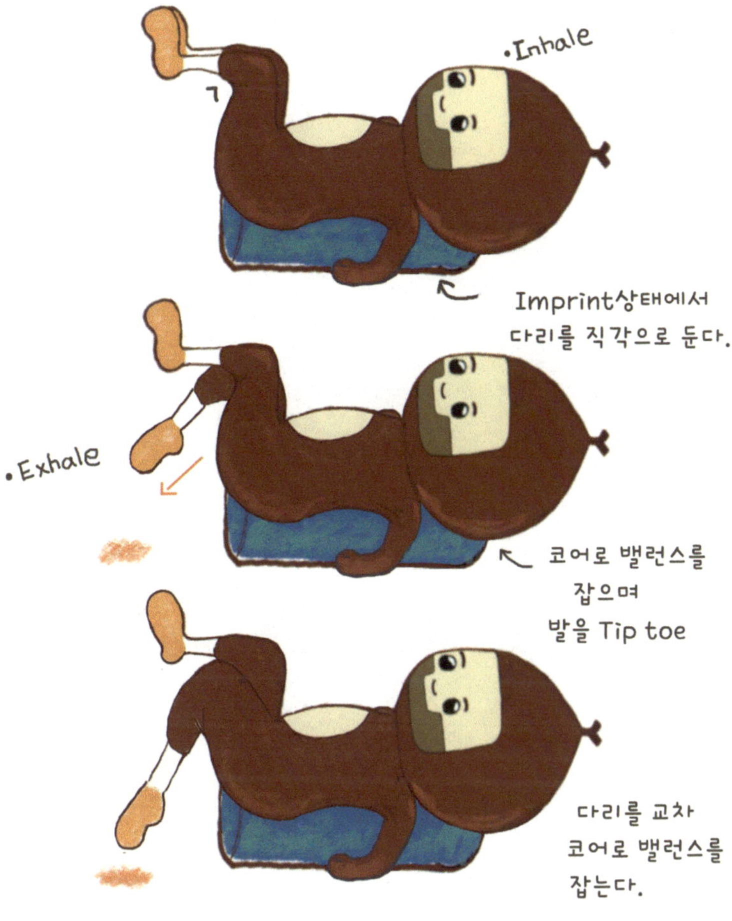

- Inhale

Imprint상태에서 다리를 직각으로 둔다.

- Exhale

코어로 밸런스를 잡으며 발을 Tip toe

다리를 교차 코어로 밸런스를 잡는다.

폼롤러 위에서 균형 잡는 동작을 통해 Axis, Balance, Core를 모두 단련.

Balance

숄더 브릿지
(Shoulder Bridge)

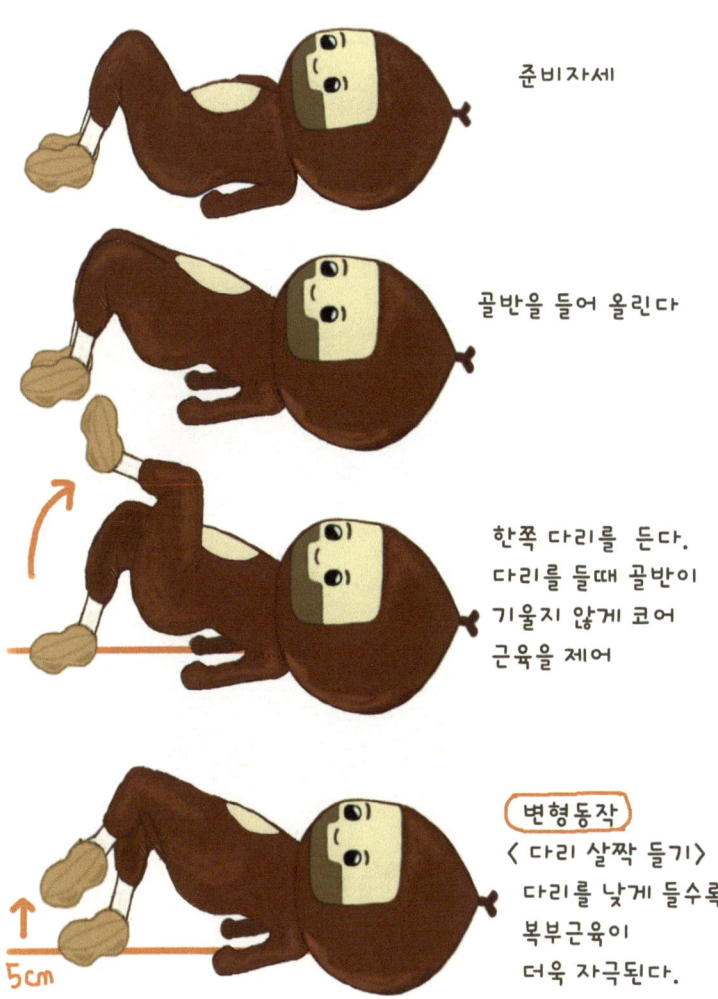

준비자세

골반을 들어 올린다

한쪽 다리를 든다.
다리를 들때 골반이
기울지 않게 코어
근육을 제어

변형동작
< 다리 살짝 들기 >
다리를 낮게 들수록
복부근육이
더욱 자극된다.

Balance

Lateral Flexion

옆으로 눕는다.   Inhale

Exhale
Inhale

한 손으로 바닥을 짚고 상체와 하체를 동시에 든다.
복사근(Oblique)으로 Flexion,
복횡근(Transversus ab)으로 균형을 잡는다.

5~10times 반복

Balance

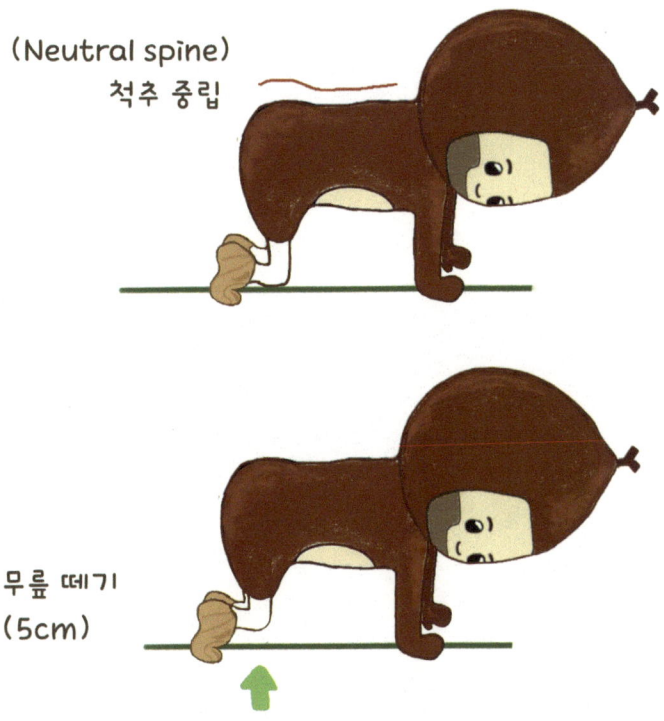

(Neutral spine)
척추 중립

무릎 떼기
(5cm)

상체의 안정성을 증가시키고
불안정한 동작에서의 밸런스 유지를 위해
척추 주변 근육과 복부 심부 근육등이 사용된다.

Balance

공처럼 구르기
Rolling Like A Ball

8~10times

Starting　　　　Inhale　　　　　Exhale
　　　　　　　Roll Back　　　　C-curve

복횡근과 복사근을 주로 사용하여 등의 모양이 C-curve가 되도록 앉아 양발을 떼고 밸런스를 잘 잡아본다. 숨을 마실 때 시작모양을 유지하며 굴렀다가(머리는 땅에 안 닿음)내쉴 때 시작 자세로 돌아온다. 밸런스를 유지하기 위해 복부 심부근육들이 많이 사용된다.

우리가 원하는 스윙은

- 정확하고
- 강력하며
- 일관된 스윙

Core

Core swing
(코어로 골프 스윙을 제어)

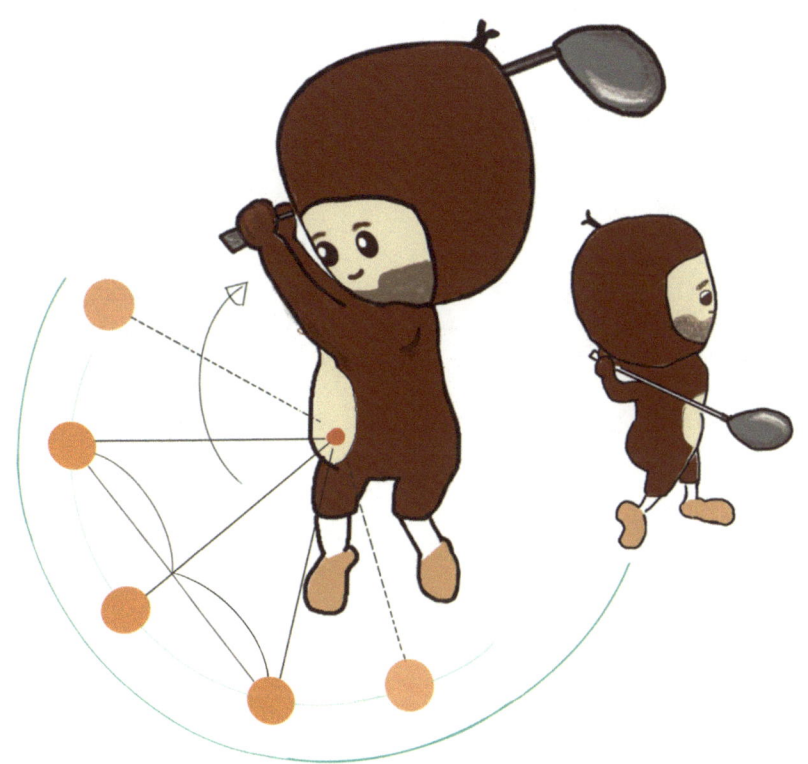

코어에서 힘과 유연성을 얻어야
골반 및 어깨의 부상을 예방할 수 있다.
우리 몸의 중심과 잘 연결되어 있다면
모든 집중과 의식이 하나로 통일된다.

Core

코어로 스윙

Symmetry Ball 또는 무게감 있는 볼을 잡고 코어를 중심으로 진자 운동을 한다. 볼과 코어 연결이 지속적으로 유지되도록 하며 조금씩 더 큰 진자 스윙을 만든다. (이후 클럽을 가지고 코어와의 연결감을 유지하며 스윙 해 본다.)

Core

코어 와 클럽 연결

밴드를 이용해
코어와 클럽 연결을 훈련한다.
더 큰 파워를 위한 밴드 운동

Prepare

Inhale
팔꿈치를
어깨높이까지

Exhale
복부와 등과 연결된
힘으로 팔을 뻗음

Core

Ab lift

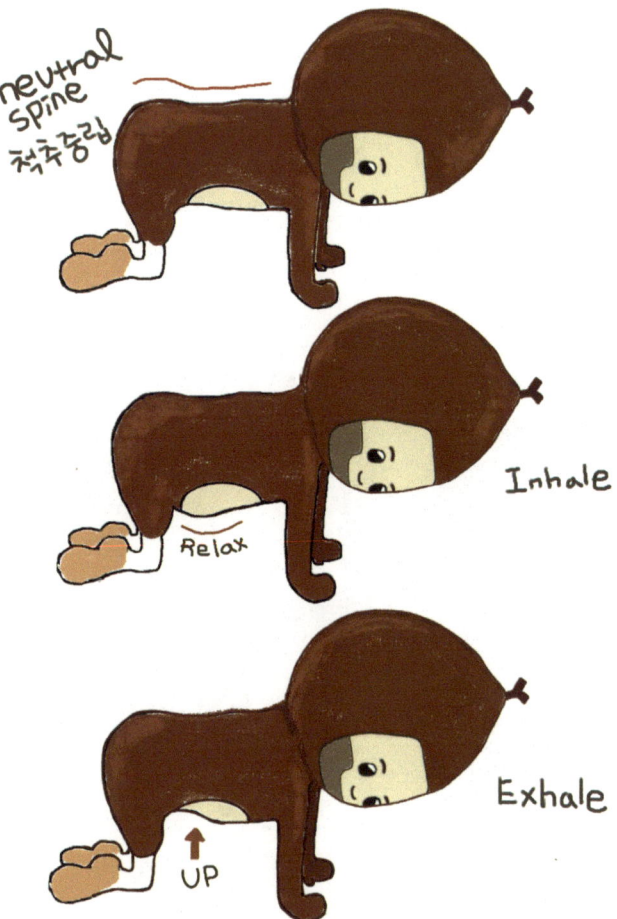

척추의 각도를 적절히 유지하기 위한 근력과 지구력을 개발한다. 코어에서 클럽으로 가는 힘을 증가 시킨다.

Core

Breast stroke prep
브레스트 스트로크

부상과 통증으로부터 허리를 보호하면서 더 강하고 부드러운 스윙을 위해 허리의 약한 부분을 강화한다.

Inhale
견갑골을 움직여 어깨를 연다

Exhale
hovor(long low line)

복부근육과 골반기저근을 쓴다.

Inhale
Stay &
Lengthening

Core

Low plank

코어에서 클럽으로 전달되는
힘을 증가시킨다.

Core

side Lift

• 팔꿈치가 어깨바로 아래

• Lat
• Oblique를 사용

코어에서 클럽으로 전달되는
힘을 증가시킨다.

Core

Side plank
사이드 플랭크

1. prepare
   손은 항상 어깨와 수직

강력한 스윙을
개발하기 위한 전신운동

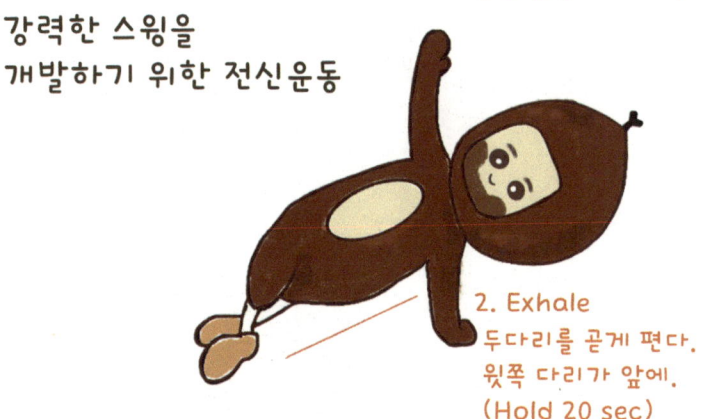

2. Exhale
   두다리를 곧게 편다.
   윗쪽 다리가 앞에.
   (Hold 20 sec)

더 강력한 회전을 통해
코어에서 클럽까지 파워를 강화

*고급스킬
Super
Advanced

골프를 위한 다양한 운동은
몸의 Core에 집중하고
strength와 Balance를 유지하는
프로그램으로 구성되어 있다.

A.B.C 운동을 통해
관절이 안정되면 안정적인 축이 생기고
신체 내의 힘 전달이 원활해진다.

골프의 A.B.C

Axis, Balance, Core의 개념은
Hal Tsunezumi 가 설립한 Halmethod의 핵심
개념이다. 그의 이론을 뼈대로 다양한 골프 서적 그리고
2서 Kim의 17년 필라테스 티칭 경험등을 녹여
많은 사람들이 골프를 안전하고 쉽게 접근할 수 있도록
골프를 위한 필라테스 동작을 그림책으로 내놓았다.

References

Chris Jarmey, [근골격 해부학], 군자출판사
Monica Clyde [The Golfer's Guide to Pilates], Ulysses Press
[Stott Pilates Matwork], Merrithew Publishing
[Hal Method Golf Training] Hal sports production
Michale Bennett 외 2명, [스택&틸트 스윙], 씽크스마트
Ben Hogan 외 1명, [Ben Hogan's Five Lessons], 한국경제신문